NOTE SECRÈTE

SUR LA MISSION OCCULTE

DU

SECOND EMPIRE

ET

SUR SES MOYENS MACHIAVÉLIQUES DE RÉALISATION

PAR LE CONCOURS DE LA PRUSSE

Cette nouvelle révélation des plans actuels de l'obscurantisme intéresse tous les Peuples, et particulièrement le Peuple français, puisqu'on a osé le considérer comme l'instrument possible de réalisation à l'égard des autres nations.

Et maintenant, Peuples, nous pourrons comprendre ce qui a été inexplicable. Instruisons-nous donc à la lumière des révélations de l'Histoire. Il n'est que temps de sauver les conditions premières de l'ordre moral social, national et international.

Prix : in-8°, 50 centimes; grand-raisin, 1 franc.

PARIS

PUBLICATIONS DE *LA BONNE-NOUVELLE DU XIXᵉ SIÈCLE*

5, rue de la Banque, à droite dans le passage, au 2ᵉ sur l'entresol

ET CHEZ LES LIBRAIRES

NOTE SECRÈTE

SUR LA MISSION OCCULTE

DU

SECOND EMPIRE

———

SOMMAIRE.

Préliminaire. — Comment la *Note secrète* est parvenue à l'Editeur. — Obligations qui lui incombent envers le public et à l'égard des vues patriotiques de la personne qui lui a transmis le manuscrit. — P. 5 à 8.

Note secrète. — Son texte. — P. 9 à 20.

Comment l'Éditeur s'est expliqué le choix fait pour la publication d'un tel document. — P. 21 à 26.

Réflexions que l'expérience spéciale de l'Éditeur lui faisait un devoir d'ajouter à la Note. — P. 27 à 30.

Conditions de toute reproduction ou traduction. — P. 4.

Pour que la nouvelle révélation obscurantiste, insérée dans cet opuscule, ne puisse dégénérer en objet de scandale ni être dénaturée en aucune de ses parties, mais rester pour tous les peuples un sujet de méditations fécondes en impulsions régénératrices, il faut qu'elle ne soit séparée ni des informations qui la précèdent ni des réflexions qui la suivent, en vue d'en permettre une libre et droite appréciation à chaque lecteur.

C'est d'ailleurs un devoir rigoureusement imposé par les recommandations faites à l'Éditeur au nom de la confiance particulière qui a dicté la communication. (Voir pages 4 à 8.)

A cette fin, toute reproduction ou traduction devra être autorisée par l'Éditeur.

Les droits nationaux et internationaux ont été légalement réservés.

Le produit net de la vente sera appliqué, partie aux blessés de la guerre, partie à la propagande de l'Œuvre de Renaissance morale et sociale dont *la Bonne Nouvelle du XIXe siècle* est l'organe.

Tout éditeur d'une traduction autorisée devra insérer au verso de la couverture qu'il tient un exemplaire du texte français paraphé par l'Éditeur de la publication, à la disposition de tout lecteur, pour contrôler la traduction.

PRÉLIMINAIRE [1]

Le 4 septembre dernier, à la nuit tombante, un homme se présente à notre bureau, s'assure *s'il parle à M. Riche-Gardon*, *rédacteur en chef de* LA BONNE NOUVELLE DU XIX⁰ SIÈCLE. Sur la réponse affirmative, il remet à l'éditeur soussigné un gros pli, et se retire en déclarant qu'il n'y avait pas de réponse.

Le pli était cacheté avec de la cire rouge; mais le timbre était l'empreinte d'un dé de tric-trac par le côté de cinq

---

(1) Si nos trente années et plus de vie publique dans l'aversion de toute habileté et dans le dévouement au progrès moral, se trouvent constatées par des tâches internationales accomplies en pays divers, et par trente volumes de publications et livres dans une logique constante;

Si un tel état de service présente quelque garantie, nous ne devons point toutefois, à l'égard de la présente manifestation, laisser le public à la seule confiance qu'ont pu mériter nos actes antérieurs; nous devons lui rendre possible d'apprécier, par son seul jugement, la confirmation de cette Note par les faits historiques.

On comprendra ensuite l'importance qu'après bien des hésitations nous avons attribuée à la communication dont nous avons été favorisé.

A cette fin, nous faisons précéder la Note de l'exposition des faits qui l'ont amenée en nos mains.

Nos propres réflexions et nos appréciations de la Note elle-même, par l'expérience qui nous est spéciale, ont dû être ajoutées pour compléter les obligations qui nous incombent par la confiance particulière que l'envoi d'une telle pièce nous impose de justifier.

points. Il contenait des feuilles de format in-8°, écrites le plus
grand nombre sur le verso comme sur le recto. L'écriture
ou les écritures, bien qu'à peu près toutes les mêmes, me
parurent être celles de femmes ou d'enfants; les corrections
grammaticales étaient nombreuses. La plupart des feuilles
portaient des numéros d'ordre qui se répétaient et ne se sui-
vaient pas. Je m'impatientai en voulant les mettre en ordre
par leurs séries. Les unes se rattachaient à des causeries sur
des sujets diplomatiques. Les autres formaient une série
spéciale qui me parut être une note relative à la Monarchie
universelle rêvée par les Jésuites, ce qui devait peu m'inté-
resser, vu les renseignements de haute source que j'avais re-
cueillis à Rome sur ce sujet.

Habitué à recevoir de volumineux cahiers qui me fatiguent
les yeux et qui ne retracent que des faits ou des idées connus,
je remis les feuilles dans le pli et le plaçai parmi les manuscrits dont on nous favorise.

Je partis pour mon domicile de campagne; puis, en reli-
sant les nouvelles du 3 et du 4, la déchéance de l'Empire et
la proclamation de la République, je regrettai de n'avoir pas
pris avec moi le pli que l'on m'avait apporté. La précipitation
qui avait dû présider à l'assemblage des feuilles qu'il contenait
me fit supposer qu'en de telles circonstances ce pli pouvait être
une communication confidentielle sur des sujets de quelque
importance.

Le lendemain, à mon arrivée au bureau, j'achevai de mettre
en ordre les feuilles contenues dans le pli qui m'avait été en-
voyé, et la série des feuilles qui reproduisent la note secrète
ci-après insérée, eut finalement à nos yeux l'importance que
cette publication fait pressentir.

Parmi les autres feuilles renfermées dans le même pli, il en
est une qui ne contenait que quatre lignes et qui a dû s'y
glisser fortuitement, si elle n'y a été mise pour faire supposer
au destinataire la source de l'envoi. Cette feuille contient un
épanchement qui, bien que vague, permet de supposer comment les informations ont pu être recueillies.

Cette feuille n'est pas publiée, non plus que nombre d'autres, parce qu'elle est inutile aux intérêts publics, et doit s'adresser à la seule personne du destinataire.

Une de ces feuilles fait appel pour ces pièces *à son dévouement patriotique autant qu'à son respect pour la confiance qui lui est témoignée*, en exprimant la persuasion que la pièce principale *ne sera publiée qu'en des conditions d'opportunité et de garanties qui ne permettront pas d'en abuser.*

Dans la pensée de ne manquer à aucune de ses obligations, le destinataire a copié lui-même les parties de ces manuscrits qui lui ont paru d'un intérêt général; puis il a livré aux flammes le pli tout entier.

Cette information est donnée ici en vue de faire connaître à l'expéditeur combien ses intentions très-honorables ont été scrupuleusement remplies.

Plusieurs de nos amis désiraient que la publication de cette note eût lieu immédiatement; mais elle a dû être retardée par le désir d'attendre l'opportunité recommandée.

Aujourd'hui que le chef déchu du second Empire et ses agents lancent des manifestes et osent même proposer au roi de Prusse un traité et une cession de territoire, pendant que M. de Bismark déclare ne reconnaître comme gouvernement légal de la France que les représentants de l'Empire, le moment semble venu de publier la note révélatrice, en répétant avec le journal *le Temps* : *Certains impérialistes n'ont oublié que la pudeur !*

D'après *le Journal de Paris*, cité par *le Temps* (du 30 octobre 1870), et d'après d'autres feuilles, M. Rouher aurait fait présenter à M. de Bismark, au nom de Napoléon III, un projet de traité et de cession de territoire.

De plus, d'après les journaux de Paris des 10-12 novembre courant, reproduisant *la Tribune de New-York*, et le journal *la Situation*, publié à Londres par les agents de la dynastie impériale déchue, les faits suivants se trouveraient constatés :

L'ex-impératrice, bien secondée par le comte de Bismark et consorts, aurait voulu charger le général Bourbaki d'une mission ayant pour objet de faire reconnaître par le roi de Prusse le fils de l'ex-empereur, sous le nom de Napoléon IV, ce qui aurait indigné, dit-on, le général Bourbaki, autant que le général Bazaine, qui a cependant livré Metz aux Prussiens avec 170,000 hommes et un immense matériel de guerre! La Prusse posséderait ainsi, avec le chef du second Empire, près de 300,000 prisonniers français!

D'autre part, l'empereur déchu aurait publié, sous la simple signature de Louis-Napoléon, une sorte de manifeste qui tend à égarer l'opinion publique sur les causes de la situation, en continuant le machiavélisme de la politique du second Empire.

Ce manifeste vient d'être publié par toute la presse européenne.

L'Éditeur ne saurait donc attendre une opportunité plus réelle pour la présente publication.

Voici la pièce dont il a reçu la copie aux fins énoncées.

Un grand personnage avait demandé à une dame de haute position, de se consulter avec les personnes de sa confiance pour lui faire un rapport sur les moyens de déjouer les conspirations ourdies contre l'Empire, dans ces derniers temps.

La Note suivante fut la réponse, en décembre 1869.

NOTE SECRÈTE

Les dangers qui semblent menacer l'Empire n'ont rien de sérieux.

Il faut considérer la grandeur de la mission acceptée par Napoléon III et le nombre si considérable de ses appuis.

Notre but n'est-ce donc pas le ralliement de la race latine pour arriver au triomphe du catholicisme sur le monde entier?

Les moyens d'atteindre ce but sont encore un mystère pour l'esprit du monde.

Le triumvirat formé de la Papauté, les Jésuites et l'Empire napoléonien, voilà le moyen préparé par le Tout-Puissant.

Les résultats obtenus par ce triumvirat depuis vingt années sont déjà immenses.

En Europe, tout le protestantisme orthodoxe, jusque dans Genève même, comme la majorité de l'anglicanisme, marche sous la bannière dogmatique du catholicisme. En Amérique, même aux Etats-Unis du Nord, ce progrès n'est pas moins rapide. Bientôt plus de la moitié de la population de New-York nous sera acquise, comme elle va l'être en d'autres pays protestants.

Puisqu'on veut partout la liberté, c'est par la liberté qu'il faut savoir mener les populations à leurs destins providentiels, et c'est facile : l'épreuve n'est-elle pas faite aujourd'hui par l'Empire sur le peuple le plus chatouilleux sous ce rapport?

Dès que Napoléon III a pu diriger une presse variée dans ses éléments pour répandre chaque jour plusieurs millions de feuilles qui préparent les esprits à sa mission, l'opinion publique s'est faite graduellement en faveur de l'œuvre providentielle de l'Empire.

Et aujourd'hui ce n'est plus le vieux Napoléonisme fétichiste qui inspire la grande majorité de la France, c'est le sentiment de la mission nouvelle assignée dès longtemps au second Empire.

Ce sentiment est désormais inoculé dans les âmes par les intérêts particuliers des populations agricoles, comme par ceux des classes privilégiées. Tous ces intérêts sont maintenant identifiés avec ceux de la dynastie.

On peut affirmer aujourd'hui que les quatre cinquièmes

de la France ne pensent que par l'inspiration impériale : assez de votes universels l'ont constaté.

La gloire populaire de Napoléon III restera unique dans l'histoire, malgré les cris des aboyeurs démocrates, malgré les conjurations de tous genres dont certaines villes veulent menacer l'Empire.

Mais le Créateur n'a pas fait acquérir une telle puissance à Napoléon III, pour qu'il s'arrête dans la mission d'assurer à la race latine la conquête spirituelle des populations du globe, par une propagande appuyée de la force matérielle nécessaire.

Si Napoléon III n'est pas immortel, son fils achèvera cette œuvre sainte. Tout révèle en lui de puissantes aspirations vers ce but sacré : ses descendants en hériteront.

Le plus difficile de la tâche est donc accompli.

Il reste un effort capital à produire promptement pour que les forces inépuisables de la France puissent être ensuite appliquées partout au triomphe de l'œuvre de Dieu.

Si l'homme s'agite et si Dieu le mène finalement, les circonstances le conduisent malgré lui, tant qu'il n'a pu diriger le développement de toutes celles qui sont déterminantes.

Il faut se le rappeler, pour agir en tout par la logique de cette réalité.

Un cinquième de la population française résiste à l'Empire. Ce cinquième est formé des éléments qui représentent encore l'esprit de la révolution.

Ces éléments sont de trois sortes :

1° L'esprit de Voltaire et de Rousseau, l'esprit du libéralisme monarchique et républicain : voilà le véritable ennemi du catholicisme.

2° Le travail de la révolution violente. Mais ce travail ne ralliera jamais assez de monde pour être dangereux. L'inquiétude qu'il inspire servira toujours efficacement les pouvoirs si l'on a soin de faire connaître ses moyens et son but.

3° Le protestantisme anti-orthodoxe qui continue la révolution dans l'Eglise et qui sera bientôt anéanti.

Ce dernier élément a son véritable foyer en Alsace, province d'un esprit funeste à notre mission providentielle.

Depuis qu'elle fait partie de la France, l'Alsace s'est crue appelée à exercer son influence sur toute la nation, et elle l'exerce réellement sur les villes et sur toutes les localités protestantes.

L'Alsace ne sera convertie que par le développement de plus en plus rapide du catholicisme en Allemagne; et ce développement sera aussi de plus en plus secondé par le gouvernement prussien.

En exaltant l'esprit public au cri impérialiste de *Frontière du Rhin*, on a préparé les événements qui doivent nous délivrer, par une haute stratégie spirituelle, des révolutionnaires voltairiens de tous degrés et des révolutionnaires protestants. Ils seront emportés en une seule lutte dirigée par le Dieu des armées.

C'est ici qu'il importe de rappeler notre but religieux par l'action de la race latine, afin de dissiper les préjugés nationaux, d'ailleurs respectables à un point de vue secondaire, que peut provoquer la rigueur des moyens à employer par l'Empire pour le triomphe de l'autorité divine sur les hommes.

La guerre est devenue nécessaire.

L'esprit de l'armée a besoin d'être retrempé. Le voltairianisme atteint nos officiers et même nos soldats. Leur dévouement à la dynastie s'est affaibli. L'Empire voit se développer dans la capitale et ailleurs des agitations de plusieurs genres qu'il faut dissiper à tout prix.

Toutefois, la guerre ne peut être entreprise que dans une mesure limitée. Le budget spécial répond aux nécessités de la guerre spirituelle comme à celles de la guerre matérielle : ce budget est insuffisant pour cette double tâche. Il faut que la guerre soit déclarée pour que l'on puisse demander, avec autorité, le développement du budget relatif aux armes.

La Prusse est la seule puissance qui semble disposée et préparée providentiellement à une guerre dans le but qui nous est utile. Avec l'état prussien, les circonstances rendront la guerre inévitable dès que l'Empereur en aura la volonté.

La Prusse peut présenter spontanément une immense

armée bien formée et bien commandée. L'Empire ne peut lui opposer des forces égales aux siennes !

Qu'importe, si la guerre n'a lieu que pour servir la cause du Très-Haut?

Il ne s'agit pas d'un triomphe matériel, mais d'un triomphe d'abord spirituel pour s'affranchir des éléments révolutionnaires.

C'est ce triomphe que la Prusse est providentiellement appelée à obtenir en notre faveur, pour commencer l'expiation de l'hérésie allemande.

Quant à l'honneur de notre armée, il sera d'autant plus grand qu'elle aura combattu contre des forces supérieures : sa bravoure incomparable l'illustrera plus que jamais et lui méritera l'admiration du monde entier.

Pour satisfaire à sa destination providentielle, la Prusse devra punir l'Alsace; elle devra, dans son intérêt même, exterminer les révolutionnaires de tous pays venus au secours de leur foyer d'impiété.

Il n'est point tenu compte dans cette note du désir de l'Empereur de s'imposer à la Prusse par le concours de différents Etats dont les peuples aspirent à une revanche pour leur dignité blessée.

Ce désir de l'Empereur n'est qu'une illusion. Il serait funeste à l'Empire, parce qu'il contrarie le plan providentiel du ralliement de la race latine.

Ce ralliement sera d'autant plus prompt que la Prusse sera plus puissante comme empire pour le ralliement de la race germanique, ramenée au dogme catholique. Les deux races doivent être finalement unies pour continuer la même tâche sur les races schismatiques.

Napoléon III doit donc considérer comme des inspirations d'orgueil sataniques toutes celles qui peuvent contrarier le plan de l'Eglise romaine, pour le soutien duquel le second empire napoléonien a été constitué.

Demanderait-on qui acceptera la responsabilité d'un désastre national apparent, quel qu'il soit?

Mais n'apercevra-t-on pas aux premiers jours le triomphe spirituel assurant la sécurité de tous les intérêts dévoués à l'Empire?

L'Empire, affranchi de toutes entraves, allié de l'empire germanique, puissance tutélaire pour le ralliement et le développement de la race latine devenue prédominante sur chaque continent; et l'Eglise, inspirant bientôt l'humanité entière!

Comment les millions de voix de nos journaux impérialistes ne feraient-elles pas acclamer ce glorieux résultat par la grande majorité acquise à l'Empire depuis vingt années?

La presse impérialiste a triomphé de difficultés plus grandes.

On commencera d'ailleurs par soutenir que c'est l'opposition qui a poussé le gouvernement à faire cette guerre en vue de reconquérir les frontières du Rhin. Et si une telle guerre ne pouvait être heureuse, on se félicitera bien plus encore que les appuis naturels de l'Empire permettent de faire tourner la défaite même à la gloire et à la prospérité de l'Eglise comme à celle de la France.

Les arguments seront donc puissants. Et d'ailleurs cent voix contre vingt ayant toujours fait l'opinion et la loi, elles la feront plus facilement encore lorsque la révolution sera mortellement frappée.

Que pourrait-on donc redouter?

Napoléon III redouterait-il sa part de responsabilité? Son génie trouvera mille raisons plus ou moins plausibles; sa maladie même servira d'excuse pour tout ce qui pourrait se rattacher à la direction de l'armée.

Napoléon pourrait-il d'ailleurs oublier qu'il est uniquement en France ce que l'Eglise a voulu qu'il soit, et qu'elle peut le déposséder en un jour?

Car un nouveau plébiscite sera sans doute nécessaire!

Dans la situation où est arrivé l'Empire, peut-il avoir désormais aucun triomphe qui ne soit pour et par l'Eglise?

L'empereur d'Autriche redeviendrait bientôt, quoi qu'on en dise, le protecteur de la race latine et le lieutenant des armes du souverain pontife.

Mais quelle sera la position de la France à l'égard de l'extérieur?

Cette position sera plus belle que jamais. La voici :

Le ralliement de la race latine n'inquiétera aucune puissance. Il s'accomplira par l'action unitaire du clergé romain.

Le jour où l'on découvrira ce ralliement, combiné sur les deux continents, sa puissance l'imposera irrésistiblement.

En attendant, tout est favorable.

Les inquiétudes que l'état de la France, en 1851, causait à l'Europe monarchique, ont été dissipées par l'avénement de Napoléon III, qui a tout risqué pour établir l'ordre en France.

Lorsqu'il sera déclaré aux puissances que l'Empereur ne peut plus gouverner les Français dans les conditions présentes, les monarques seront très-intéressés à le soutenir encore.

Mais cette considération est d'un ordre tout à fait secondaire.

Après la guerre, la Prusse se trouvera glorieuse. Elle osera peut-être se croire la première puissance de l'Europe.

Que cette illusion ne blesse point notre vanité nationale : les éclatantes compensations ne se feront pas attendre.

La Prusse sera forte alors contre la Russie, qui a des provinces à lui rendre. Il n'y aura pas lieu pour nous de la desservir en ceci : elle sera notre alliée la plus dévouée. Elle nous devra l'honneur insigne d'avoir terrassé l'esprit révolutionnaire dans son foyer central et d'y conserver un appui pour la même tâche à remplir en Allemagne. Cette tâche lui sera facile proportionnellement à la protection dont elle fera jouir l'Eglise romaine dans la Confédération germanique.

Toute proposition contre l'Empire napoléonien serait donc trop défavorable à la Prusse.

L'Angleterre pourra bien être mécontente, mais elle
ne se met plus en guerre pour des questions de principes
religieux. Tout est proportionné chez elle aux intérêts
industriels ; l'ouverture de nos marchés lui est assez
profitable, et les avantages commerciaux qu'elle doit à
Napoléon III ne lui seraient acquis par aucun autre gouvernement français.

L'Angleterre sera donc pour l'Empire qu'elle a toujours appuyé.

La Russie applaudira secrètement à ce triomphe anti-
révolutionnaire. Elle n'en pénètrera pas d'abord toutes
les conséquences à son égard. L'heure de la lutte des
races n'a pas encore sonné pour elle.

L'Autriche suivra la Prusse sous le nom de l'Allemagne et bénira aussi l'extinction prochaine de tous
foyers révolutionnaires dans la Péninsule comme ailleurs.

L'Espagne n'a pas la parole en ce temps ; ses affaires
intérieures l'absorbent tout entière. Mais n'est-elle pas
catholique romaine jusqu'au fond des entrailles ?

Quant au Portugal, il expiera de graves erreurs du
passé.

L'Italie sera notre ressource assurée pour la prochaine
guerre nécessaire.

La responsabilité qui lui sera laissée par la retraite
des troupes françaises qui défendent les Etats pontificaux
dépassera ses forces. La France interviendra en Italie,
rétablira les États de l'Eglise, et fera plus encore pour
assurer sa liberté d'action.

La conversion des Etats scandinaves précédera celle
de la race slave et de l'Islamisme.

Servir la mission de l'Eglise assure donc à Napoléon III la gloire incomparable d'avoir posé les bases de l'Empire fédératif catholique romain.

Cet Empire se formera en Europe par la France, l'Espagne, le Portugal, les Etats de l'Italie et le Levant, en laissant les catholiques allemands agir sur leur propre race.

En Amérique, le Brésil et les Républiques diverses enserreront de plus en plus les Etats-Unis du Nord, où notre action sera bientôt prépondérante en réparant l'échec du Mexique par de meilleurs moyens.

Sans oublier tant d'autres colonies françaises et autres qui pourront le devenir plus complétement que l'Algérie, considérons la grandeur de l'Empire latin placé sous la direction de la dynastie napoléonienne.

D'autre part, l'Empire d'Allemagne, de plus en plus catholicisé, aura, quoi qu'il fasse, une force d'équilibre prépondérante qui préparera la ligue contre la Russie, véritable ennemi de Dieu et des peuples.

Quand les circonstances offrent à un Empereur, cinq fois élu par un peuple catholique à une si grande majorité, la possibilité d'accomplir une telle œuvre, redouter de l'entreprendre et de s'y sacrifier au besoin, ne serait-ce pas se déclarer d'avance un indigne fils de l'Eglise et se mettre à la merci de tous les périls?

Le ralliement de la race latine sur les deux continents ne sera-t-il pas la plus grande œuvre de l'humanité, par ses conséquences incalculables?

L'œuvre de Constantin en aura été le principe ; mais elle restera comme l'étoile infime absorbée par un soleil.

La véritable unité de l'Eglise aura son jour *ad majorem dei gloriam !*

Heureux ceux qui auront travaillé à la vigne du Seigneur !

Déclaré, reproduction exacte, textuelle, de la NOTE SECRÈTE, *selon ce qui est exposé pages 3 à 8.*

Paris, le 14 novembre 1870.

L.-P. RICHE-GARDON.

SUITE DES EXPLICATIONS DE L'ÉDITEUR.

(VOIR PAGES 4 A 8.)

Voici la première question qui s'est posée tout d'abord à notre esprit après la lecture réfléchie de la *Note secrète* qui précède : Comment avons-nous pu être choisi pour une telle manifestation ?

La réponse à cette question peut servir à éclairer le jugement du public.

En juillet 1851, lorsque l'administration de Louis-Napoléon, Président de la République, se montrait de plus en plus favorable à la réaction monarchico-cléricale, nombre de nos amis se dirent alors :

Ceux des Napoléoniens qui se déclarent Républicains, prétendent que « l'hostilité spontanée d'abord, puis systématique, de la démocratie à l'égard de Louis-Napoléon, l'ont poussé fatalement dans les voies de la réaction, ce qui, selon leur jugement, rend cette hostilité déraisonnable, anti-patriotique même, si elle reste systématique. »

Bien que cette hostilité fût des plus motivées, on pensa qu'il ne serait point inutile d'en produire une explication démonstrative dont le caractère pourrait se résumer ainsi :

Le programme napoléonien formulé à Sainte-Hélène, après les terribles épreuves, répond à celui de la démocratie universelle, et il est la négation la plus absolue du système d'administration du Président de la République.

Si Louis-Napoléon ne reniait pas le programme dit de Sainte-Hélène, dont le texte partout reproduit en partie ou en totalité a popularisé l'Empire dans un grand nombre de provinces, la

démocratie ne serait pas réduite à être l'adversaire systématique de l'élu du Dix-Décembre 1848.

Cette manifestation eut lieu dans la Revue républicaine, *la
Liberté de penser*, dirigée par le très-honoré Amédée Jacques (1),
éminent professeur de l'Université, révoqué pour cause de son
dévouement à la République. L'article parut dans le numéro
d'août 1851, sous le titre de : *Le Napoléonisme et le Bonapartisme
comparés*. Il était rédigé et signé par l'éditeur du présent écrit.
Cette manifestation devait servir d'épreuve à l'égard des mo-
biles définitifs du Président de la République.

Elle eut pour résultat cent déclarations de la nature de celle-ci :

« Le Président de la République ne peut s'affranchir encore
« des exigences de la réaction qui forme l'immense majorité ;
« mais le programme de Sainte-Hélène est naturellement son
« but, aussitôt que la démocratie lui fournira l'influence né-
« cessaire pour le réaliser. »

Une telle réponse parut dérisoire, bien qu'elle fût exprimée
de bonne foi par plusieurs Napoléoniens. Aussi la seconde partie de l'article préparé pour *la Liberté de penser* ne fut-elle pas
publiée.

Le coup d'État du Deux-Décembre acheva d'exciter l'indi-
gnation ; mais en France la démocratie resta presque réduite
au silence jusqu'aux élections de 1863 : la voix des Exilés fut
alors la voix de la Patrie !

A ce moment, le soussigné imprima une brochure intitulée :
Un Cri français devant le vote universel de 1863.

Cet opuscule avait pour objet d'exposer que l'idéal du Gouvernement de Napoléon III, était la négation des destinées pro-
videntielles de la France.

Les *épreuves* de cette brochure envoyées au Cabinet de l'Empereur, comme au Ministre de l'intérieur, et toutes nos insistances,

---

(1) Ce si digne républicain a vu s'achever sa destinée terrestre sur la
terre d'exil, dans l'Amérique centrale, où il a été un foyer fécond des
sciences spéciales comme de la science générale qui nous était commune.
Amédée Jacques, dont la mémoire sera toujours révérée des vrais Républicains, était le beau-frère de l'honoré et éminent éditeur M. Gide.

ne purent obtenir l'autorisation que l'honoré M. Jouaust, imprimeur (338, rue Saint-Honoré), devait exiger pour en faire le tirage, qui dès lors ne put avoir lieu.

Néanmoins, comme plusieurs Napoléoniens démocrates avaient déclaré cette brochure profondément blessante pour Napoléon III, nous cédâmes au conseil qui nous fut donné d'entreprendre, par des Mémoires manuscrits, de prouver au chef de l'Empire qu'il perdait la France et lui-même par son système d'Empire clérical.

De 1863 à 1868, vingt Mémoires de différents titres furent adressés au Cabinet de l'Empereur pour le soutien de la même thèse, appuyée toujours de citations de Napoléon Ier. Plusieurs Napoléoniens nous déclaraient faire recommander ces Mémoires à l'attention du chef de l'État.

Leur concours et leurs espérances nous déterminèrent à publier dans notre journal *la Bonne Nouvelle du XIXe siècle* une série d'articles dans le même esprit.

Mais cette publicité déplut si profondément aux Tuileries, qu'on voulut bien nous faire savoir enfin que nous étions considérés comme les plus perfides adversaires de l'Empire, dont le programme de Sainte-Hélène serait le renversement par la moindre de ses parties.

Ce langage était tout justement le contraire de la déclaration faite en 1851 par des amis de Louis-Napoléon. (Voir page 22.)

De plus, les organes zélateurs de l'impérialisme avaient toujours accablé de sarcasmes et de dérisions les formules administratives, économiques, éducationnelles, expliquées dans nos Mémoires et nos publications, mais sans nous désigner autrement que par des reproductions textuelles de quelques lignes (1).

---

(1) On alla jusqu'à prétendre que nous avions outragé l'Empereur, parce que nous avions placé, en épigraphe du premier Mémoire, les lignes suivantes :

« Les collaborateurs de l'Œuvre de Renaissance morale et sociale, qui adressent cet écrit au chef de l'État, sont de ceux qui n'accepteraient ni fonctions ni distinctions. »

Un grand nombre de démocrates se montraient cependant très-mécontents de l'attitude que nous avions prise envers l'impérialisme pour le démolir par l'opposition sérieuse, pendant que la critique diffamatoire faisait soutenir le gouvernement en oubliant et faisant oublier la dignité de la France.

Aujourd'hui, la série des efforts tentés par notre groupe, pour amener le napoléonisme à la tâche démocratique si radicalement formulée à Sainte-Hélène, ne sera pas l'argument le moins péremptoire contre les efforts qui pourraient encore être tentés en faveur d'un bonapartisme quelconque par la camarilla impérialiste.

Nous devons reconnaître, pour être juste, que des Napoléoniens démocrates, qui ne servaient l'Empire que pour ne pas abandonner leur position, s'étaient toujours montrés reconnaissants des efforts si désintéressés par lesquels nous avions voulu constituer une opposition à la fois radicale et rationnelle.

La série des faits qui précèdent nous a paru expliquer le choix du rédacteur en chef de *la Bonne-Nouvelle du XIXe siècle* pour utiliser la *Note secrète* ci-dessus insérée.

RÉFLEXIONS DE L'ÉDITEUR

TOUCHANT LE CONTENU

DE

LA NOTE SECRÈTE

L'appréciation personnelle du soussigné est un devoir, puisqu'après avoir étudié l'action papale et celle des jésuites chez vingt peuples divers, le soussigné était allé à Rome en mission libre vers la fin de 1845, justement à point pour y recueillir, durant l'année si spécialement féconde de 1846, tous les renseignements que devait permettre alors le triomphe temporaire dans Rome des adversaires des jésuites après l'élection de Pie IX.

Il dut prendre une part très-active (1) à cette élection, dans

---

(1) La mission du soussigné à Rome avait en vue la renaissance morale et sociale, objet de ses recherches antérieures ; elle sera bientôt publiée et fera connaître nombre de choses dont on ne se doute pas. La déchéance de l'Empire va permettre à bien des flambeaux de luire pour tout le monde.

l'espérance des grands résultats que la mort plus que prématurée du cardinal Gizzi, ministre de Pie IX, et l'odieux assassinat de notre ambassadeur M. Rossi, si dévoué à la grande réforme romano-papale, rendirent impossibles.

Parmi les raisons qui ont pu nous valoir l'envoi de la *Note secrète*, il est possible d'admettre encore celle-ci : la persécution subie par nous, dès notre jeune âge au sein de notre famille même, par l'influence cléricale, et notre vie vouée à dissiper l'influence des jésuites.

Mais on ne saurait prétendre qu'il y a eu ici la récompense d'une haine s'adressant personnellement aux membres de cet ordre, même à ceux qui nous ont fait le plus de mal et dont les âmes ont quitté la terre.

Pour preuve de notre impartialité à l'égard des mérites particuliers des membres de l'ordre de Saint-Ignace, nous citerons un fait bien significatif.

Dans son salon, à Rome, et au milieu d'une réunion de prélats en 1846, le Père Ventura, qui était alors, comme général des Théatins, le rival ardent des jésuites, ne put supporter de nous entendre expliquer, par des faits, la supériorité du caractère personnel des jésuites à l'égard des autres ecclésiastiques de tous degrés; il nous apostropha déclamatoirement par ces mots : *Encora un jesuito di Lione :* encore un jésuite de Lyon! ce qui provoqua le fou-rire des prélats présents (1).

La sagacité profonde des jésuites, leur science relative aux causes et à leurs effets même les plus lointains, nous est connue, et le succès l'a servie jusqu'à présent.

Mais, si Napoléon III n'a pas failli à ce qu'ils ont exigé de lui, ils se sont abusés sur la possibilité de faire accepter au peuple français ce nouvel exploit de l'orgueil infernal qui

____

(1) Ce qui se rattache aux faits de ce caractère, aura ses explications dans l'écrit prochain intitulé : *Notre Mission à Rome,* en 1846, sous les pontificats de Grégoire XVI et de Pie IX, en secondant la réforme religieuse et sociale préparée dans les États romains par l'ambassadeur de France, M. Rossi.

s'abuse jusqu'à espérer, qu'il pourra dégrader l'humanité terrestre assez complétement pour s'en constituer le dominateur-exploiteur, en prétendant agir pour *la plus grande gloire* de l'éternel auteur de l'harmonie universelle !

Non, le peuple de France n'est point aussi dégradé qu'ils l'ont cru !

Nous jurons, au nom de plus de cent mille initiateurs à l'Ordre moral universel et providentiel, que le peuple français et tous les peuples étant avertis assez à temps, la satanique entreprise des jésuites, rappelée dans la *Note secrète*, verra son germe extirpé de la France, et qu'en même temps, toutes les nations s'uniront enfin pour l'extirper de l'humanité entière !

Après l'élection du Dix-Décembre 1848, plusieurs démocrates nous avaient répété : « Ne pensez-vous pas que Napoléon est un prince préparé par les Jésuites pour leur livrer la France ? Songez aux deux folles échauffourées de Boulogne et de Strasbourg le rendant homicide de soldats français dévoués à la loi ? N'a-t-il pas toujours été protégé par une influence occulte, qui l'a sauvé pour le ramener pendant qu'on exaltait le napoléonisme parmi le peuple, etc., etc. ? »

Ce langage était encore plus plausible après le coup d'État du Deux-Décembre 1851.

Mais nous avions quitté Rome à la fin de 1846, avec une telle disposition d'esprit à tout attribuer aux Jésuites en fait de mal social, que la froide raison nous tenait très en garde et presque en réaction spontanée contre les suggestions de ce genre, par la crainte de céder à un entraînement instinctif.

Aussi n'aurions-nous pas cru à la persistance active de leur ancien plan machiavélique dans l'époque présente, si nombre des faits énoncés dans la *Note secrète* ne nous avaient été connus particulièrement.

Nous avions dû protester plusieurs fois, dans nos publica-

tions, contre les excitations de la presse impérialiste aux guer-
res de religion et à l'antagonisme des races, à leur fusion dans
la race latine, comme si les races n'étaient pas des familles
humaines ayant une destination nécessaire à l'harmonie de
notre humanité.

Nous avions été assez surpris de la tolérance laissée à des
écrits qui propageaient la pensée d'un fédéralisme provincial
sous des formes diverses, et dont les circonstances présentes
favorisent odieusement la propagation.

Le rappel de ces faits et de nombre d'autres ont vaincu nos
doutes sur la réalité de l'accomplissement possible en ce temps
d'un tel plan, surtout lorsque toutes les circonstances de la
guerre intentée à la Prusse confirmaient si démonstrativement
la pensée de rendre inévitable une invasion de la France par
les armées germaniques.

Cependant, ce fait est tellement inouï, il implique si manifestement le crime sans nom de la trahison inimaginable dont
il semble que l'histoire de l'humanité ne pouvait être souillée,
qu'abîmée sous le poids de ces sensations diverses, notre conscience refusa de se prononcer, en disant : Attendons le jour
opportun pour publier cette révélation infernale ; et lorsque les
peuples connaîtront bien les détails des situations perfides in-
explicables, faites aux généraux et aux divisions de l'armée
française, jusqu'à la capitulation significative de Sedan, alors on
se prononcera chacun selon la voix de sa conscience. Jusque-
là il faut s'abstenir de juger ; jusque-là il faut se borner à remplir la tâche, à nous mystérieusement échue, de manifester
un avertissement qui intéresse tous les peuples au plus haut
degré.

Telle a été notre inspiration première.

Le silence gardé dans la *Note secrète* sur le Légitimisme et
l'Orléanisme, est significatif à bien des égards. Il serait superflu
de l'expliquer.

On s'abuse manifestement dans la *Note* touchant le roi de Prusse. Il ne suivra les Jésuites qu'à son insu, comme tant d'autres pouvoirs, en croyant les utiliser pour son système. La *Note secrète* déclare, du reste, qu'il servira l'Eglise romaine providentiellement par expiation de l'hérésie.

La Prusse est évidemment étrangère à la conjuration cléricale, bien que les appuis qu'elle a offerts au Pape, comme puissance protestante, aient un caractère impie ! Elle ne s'attendait pas à trouver les voies ouvertes à ce degré, pour la réparation qu'elle avait le droit de poursuivre en France contre l'Empire. On voudra obtenir d'elle une réciprocité d'appui pour l'Eglise romaine ; mais l'Allemagne sera désormais avertie.

A notre égard, le délit international du roi de Prusse commence à son refus de la *paix par la justice* pour exploiter la trahison de l'Empire : de son triomphe il a ainsi fait une honte pour lui et une humiliation pour l'Allemagne ! Le tribunal des peuples prononcera le verdict qui le concerne.

Le roi de Prusse aspire à constituer, par un Empire, une Papauté germanique entre celles de l'Angleterre et de la Russie. Il y réussira, si l'esprit philosophique de l'Allemagne ne s'arrache au vague de ses conceptions, pour arriver à la synthèse de l'ordre universel. Mais, malgré le libre examen cultivé par le roi Guillaume et sa famille désormais bien avertis, il ne faut pas espérer en eux, plus qu'en Victor Emmanuel, pour la réforme religieuse de salut social. Maintenant que ce dernier roi est tout fier d'avoir pu réaliser les irrésistibles aspirations de son peuple pour l'unité complète de l'Italie, il déclare lui-même vouloir être le protecteur de la Papauté romaine, c'est-à-dire des prétentions à la monarchie spirituelle et universelle qui, par l'action des Jésuites, met l'Homme le plus habilement servi à la place de Dieu sous le nom de Dieu même, et continue ainsi d'être le fléau des peuples depuis quinze siècles !

Contre cette odieuse mission, recueillie de Napoléon III, que peut le peuple italien, s'il reste entraîné dans le simple rationalisme fatalement individualiste, et s'il ne s'élève pas au déisme *naturel* du Nazaréen et de son Evangile, en l'expliquant par la nature physique, intellectuelle et morale?

Ces questions ne sont peut-être pas les moins importantes de celles que la *Note secrète* offre aux méditations des législateurs, des gouvernants et des publicistes.

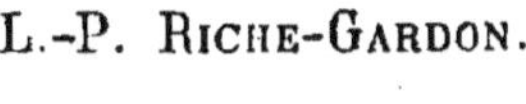

L.-P. Riche-Gardon.

Publications de la Renaissance morale et sociale.

XVIᵉ année. — Paris, 5, rue de la Banque.

EXTRAIT DU CATALOGUE :

LE SALUT DE LA FRANCE

PAR

LE TRIOMPHE DE LA PATRIE

Journal hebdomadaire de collection, suppléant temporairement le journal-revue

LA BONNE NOUVELLE DU XIXᵉ SIÈCLE.

Abonnement : 7 fr. 50 c. et 12 fr.

L'Anéantissement de la Monarchie, expliqué par M. Guizot, en 1851. Brochure gr. in-8° raisin de 48 pages. . . . . 75 c.

Les sept Cahiers, ou Rituels scientifiques de la Renaissance morale et sociale :

La Destinée terrestre de l'Homme. . . . . 40 c.
La Connaissance de soi-même. . . . . 60 c.
Le Gouvernement de soi-même. . . . . 40 c.
La Morale universelle, sanction suprême des religions particulières des institutions et doctrines de tous genres. . 60 c.
Le Testament moral. . . . . 20 c.
L'Initiation et la Contre-Initiation. . . . . 75 c.
L'Ordre sériaire des lectures des études, et des bibliothèques, etc. . . . . 50 c.

La Loi vivante de salut social, loi naturelle, sanction suprême de la démocratie. . . . . 50 c.

La Bonne Nouvelle du XIXᵉ siècle. Son Manifeste, contenant la matière d'un volume in-18. . . . . 30 c.

Sa collection. 7 50

La Vie humaine à réaliser. Son Manifeste, contenant la matière d'un volume in-12. . . . . 50 c.

Sa collection. 7 50

Le Providentialisme, science générale positive. Vol. in 8°. 3 50

Paris. — Imprimerie JOUAUST, rue Saint-Honoré, 338.